MIS PRIMERAS PÁGINAS

Título original: *Celestino va al circo*

© Febe Sillani
© Edizioni EL, 2009 (obra original)
© Hermes Editora General S. A. U. – Almadraba Infantil Juvenil, 2013
www.almadrabalij.com
Este libro fue negociado a través de Ute Körner Literary Agent, S. L., Barcelona
(www.uklitag.com)

Impreso el mes de octubre de 2013

ISBN: 978-84-15207-76-4
Depósito legal: B-20.929-2013
Printed in Spain

CELESTINO
VA AL CIRCO

Febe Sillani

Almadraba
INFANTIL JUVENIL

HOY ES UN DÍA ESPECIAL.

¡HA LLEGADO EL CIRCO!

CELESTINO Y SUS AMIGOS
TIENEN MUCHA CURIOSIDAD.

NUNCA HAN VISTO UN CIRCO.

ES EL CIRCO DE TÍO ÓSCAR.

TÍO ÓSCAR HACE PASAR A
CELESTINO Y A SUS AMIGOS
A LA CARPA.

TÍO ÓSCAR ANUNCIA:

—¡EMPIEZA EL ESPECTÁCULO!

¡QUÉ EMOCIÓN!

LOS RATONES ACRÓBATAS
REALIZAN UN NÚMERO
MUY PELIGROSO.

LLEGAN LOS PAYASOS
PING Y PONG.

LOS PAYASOS SON
DIVERTIDOS Y HACEN REÍR.

¡AHORA LA CERDITA ELSA
METE LA CABEZA EN
LA BOCA DEL LEÓN!

ELSA ES UNA DOMADORA
MUY VALIENTE.

Y AQUÍ TENEMOS
A LA RATONCITA VIOLETA
CON SUS LOROS.

VIOLETA LOS PONE EN FILA
CON MUCHA PACIENCIA.

PERO... ¿QUÉ PASA?

LA PUERTA DE LA JAULA ESTÁ
MAL CERRADA.

¡TODOS LOS LOROS SE ESCAPAN!

CELESTINO TIENE UNA IDEA.

CELESTINO TOMA
LAS PALOMITAS DE MAÍZ
DEL HIPOPÓTAMO NICOLÁS.

EL TIGRE ENRIQUE DISPERSA
LAS PALOMITAS DE MAÍZ POR
LA JAULA.

LOS LOROS ENTRAN PARA
COMÉRSELAS.

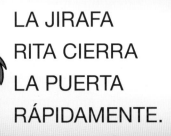

LA JIRAFA
RITA CIERRA
LA PUERTA
RÁPIDAMENTE.

TÍO ÓSCAR DICE:

—¡LO HABÉIS HECHO MUY BIEN!

Y LES REGALA UNA BOLSA
GRANDE DE PALOMITAS DE
MAÍZ.

Y AHORA...
¡A JUGAR!

CELESTINO QUIERE IR AL CIRCO. ¿CUÁL ES EL CAMINO MÁS CORTO?

AYUDA A LA CERDITA ELSA
A HACER QUE EL LEÓN PASE
POR EL ARO DE FUEGO.

PING HA DEJADO EL ZAPATO DE
PONG ENTRE UN GRAN MONTÓN
DE ZAPATOS.
¿PUEDES ENCONTRARLO?

AYUDA A VIOLETA A LLEVAR
AL ÚLTIMO LORO A LA JAULA.

MIS PRIMERAS PÁGINAS

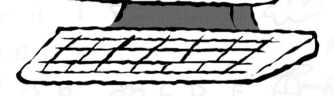

PUEDES SEGUIR JUGANDO
CON CELESTINO EN
www.misprimeraspaginas.com

ENTRA Y DESCARGA
LA **FICHA DE LECTURA** Y MÁS
PROPUESTAS DE ACTIVIDADES.